AF384745

THÈSE

POUR LE DOCTORAT.

L'acte public sur les matières ci-après sera soutenu,
le mardi 24 août, à trois heures,

Par Étienne-Amédée BARBIER SAINT-HILAIRE, né à Paris.

PRÉSIDENT, M. DURANTON, PROFESSEUR.

SUFFRAGANS :
MM. DUCAURROY,	PROFESSEURS.
PELLAT,	
PERREYVE,	
COLMET D'AAGE,	SUPPLÉANT.

Le candidat répondra en outre aux questions qui lui seront faites sur les autres matières de l'enseignement.

PARIS,

IMPRIMERIE D'AMÉDÉE GRATIOT ET Cᵉ,
11, rue de la Monnaie.

1844.

JUS ROMANUM.

LIVRE IV, TITRE IV.

DE MINORIBUS VIGENTI QUINQUE ANNIS.

Usque ad pubertatis ætatem pupillus nec semetipsum nec bona sua gerere potest. Puberi facto gubernatio sui conceditur; sic, pro suâ volontate uxorem ducere potest. (*D. L.* 20, *de ritu nupt. L.* 8. *C. de nuptiis.*)

Propter ætatem, puberi curator olim non dabatur. Prima in multis prospexit minoribus XXV annis lex Plætoria; minoris ætatis enim tempus finivit anno vicesimo quinto, et minoribus hujus ætatis circumscriptis subveniens judicio publico eorum deceptores persecuta est, et ad unumquodque negotium iisdem minoribus curatores petentibus dari permisit, ita ut, procul dubio, qui cum minoribus bonâ fide contraherent, judicium legis, curatore assistente et consentiente, evitare possent.

Postea Prætor edicto pleniorem minoribus XXV annis opem pollicitus est per in integrum restitutionem quam dedit non solum minoribus insidiis aliorum deceptis, sed etiam propriâ facilitate læsis, his verbis: « Quod cum minore quam XXV annis natu gestum esse dicetur, uti quæque res erit animadvertam. »

Denique M. Aurelius, constitutione legem Plætoriam augens et perficiens, minoribus XXV annis curatores, qui generalem administrationem haberent, dari permisit (Capitolinus in *Vitâ M. Aurelii;* et Ulp. *Reg. XII*, § 4, *adde* § 5).

Inde minores XXV annis possunt, imo debent curatorem recipere ; qui tamen non invitis, sed tantum petentibus, datur. Eventu autem pleri-

que curatorem habent; tutor enim pupillum suum puberem factum ad-
monere debet ut sibi curatorem petat. Quod si non vult sibi curatorem
petere, hunc invitus recipere cogi potest. (*L. 13, § 2. D. De tut. et curat.*)

In tribus enim casibus minoribus XXV annis curatores (quamvis non
D., L. § 5, de admin. et perdat. tut. C. L. 7. Qui pet. tut. vel cur.), petentibus dantur : 1° ad tutelæ rationem recipiendam; 2° ad litem; 3° ad
pecuniam a debitore recipiendam. In illis casibus nisi minor ipse, ad-
versarius curatorem petere potest, et verisimilius sic datus curator generalem administrationem accepit usque ad perfectam ætatem : et ideo, ait
Ulpianus, hodie in hanc usque ætatem adolescentes curatorum auxilio
reguntur, nec ante rei suæ administratio eis committi debebit, quamvis
bene rem suam gerentibus. (*L. 7. C. Qui pet. tut. vel cur. Instit. Just. de
curat. § 2 D. L. 7, § 2 de min. XXV. D. L. 1, de min. XXV ann.*).

Hæc indirecta necessitas curatoris petendi ad tutelæ rationem recipiendam non pertinet ad minores qui usque ad pubertatem filiifamiliarum
nunquam tutores habuerunt. Inde diversæ leges distinctionem admittunt
minoris XXV annis curatorem habentis, vel non : 1° casu haud absimilis ei
habetur cui a prætore, curatore dato bonis, interdictum est, et ergo stipu-
lando sibi adquirit, tradere vero non potest vel promittendo obligari;
2° casu, contractus valet, sed læsus minor restituitur in integrum, a prætore causâ cognitâ. (*L. 5. C. de in integr. rest. L. 6. D. de verbos. oblig. L.
104. D. h. t.*)

Nunc videndum : 1° quibus et adversus quos restitutio datur ; 2° ex quibus
causis restitutio in integrum concedatur, ex quibus denegatur ; 3° de for-
mâ et effectu restitutionis ; 4° quando amittatur beneficium restitutionis.

§ I.

Nemo in hâc causâ restitutionis in integrum pro majore habendus est
nisi qui XXV annos ætatis suæ excessit, nec dignitas aut liberorum nu-
merus supplet ætatem. (*L. 2. D. de min. XXV. L. 1 C. qui et adv. quos.*)

Illis tamen minoribus hæc restitutio non indulgetur qui veniam ætatis a principe impetraverunt. Constantinus autem edixit hoc beueficium principis his demum profuturum qui de sua ætate : si quidem mares essent, majore viginti annis; si feminæ, majore decem et octo annis; nec non de suis moribus apud magistratum probassent. Hoc beneficium etiam in feminis limitavit ut prædia sua alienare sine decreto non possent. Justinianus generaliter omnibus interdixit ne prædia sua alienarent aut pignori darent sine decreto. (*L. L.* 1, 2, 3. *C. de his qui veniam ætat.*)

Non solum minori patrifamiliâs, sed etiam filiofamiliâs succurritur, sed ex his solis causis quæ ipsius intersint (*L.* 3. *D. de min. XXV.* § 4, 5, 7, 8, 10. *L.* 23. *D. h. t.*)

Servus autem minor annis XXV nullo modo restitui potest; quoniam domini personâ spectatur qui debebit sibi imputare cur minori rem commisit. Si tamen is servus fuit cui fideicommissaria libertas debebatur præsens et fuit captus, poterit dici prætorem ei succurrere debere.

Non solum autem minoribus, verum successoribus quoque minorum, datur in integrum restitutio, etsi sint ipsi majores.

Restitutio in integrum competit adversus quoscumque a quibus minor captus est, et quidem adversus eos quoque restitutio præstanda est, quorum de dolo agere non permittitur (nisi quædam personæ speciali lege exceptæ sint). Etiam adversus fiscum restituitur minor.

Interdum restitutio et in rem datur minori, id est adversus rei ejus possessorem , licet cum eo non sit contractum. Plane quandiu is qui a minore rem accepit, aut heres ejus idoneus sit, nihil novi constituendum est in eum qui rem bona fide emerit; sed ubi restitutio datur, posterior emptor reverti ad auctorem suum poterit. Per plures quoque personas si emptio ambulaverit, idem juris erit (*L.* 14, 15, 16, § 1er, *D. de min.*)

§ II.

Ait prætor : quod cum minore XXV annis natu gestum esse dicetur, uti quæque res erit animadvertam, et in edicto lato sensu accipiendum est *gestum;* sive contractus sit, sive quid aliud contigit. Proinde si emit aliquid, si vendidit, si societatem coiit, si mutuam pecuniam accepit et captus est, ei succurretur. (*L.* 49, *D. de verb. signif. L.* 7, *præm et* § 4.)

Hinc si res pupillaris vel adolescentis distracta fuerit quam lex distrahi non prohibet, venditio quidem valet; verum tamen si grande damnum pupilli vel adolescentis versetur, etiamsi collusio non intercessit, distractio per in integrum restitutionem revocatur. (*L.* 49, *D. V. h. t.*)

Item restituitur si in novando quod sibi debebatur captus est; item etiam in interventionibus. In dotis quoque modo mulieri subvenitur, si ultra vires patrimonii, vel totum patrimonium, circumscripta in dotem dedit.

Item minores si in judicem compromiserunt, et, tutore auctore, stipulati sunt, integri restitutionem adversus talem obligationem jure desiderant. Sed etsi hereditatem minor adiit minus lucrosam, succurretur ei ut se possit abstinere, nam et hic captus est; idem et in bonorum possessione vel alia successione. Sed ex novella CXIX, cap. 6, ut minor adversus aditionem hereditatis restituatur, creditores omnes vocandi sunt, si adsint eo loco ubi minor degit; sin a judice citandi et per tres menses expectandi ; quo tempore elapso, judex minorem restituit, statuitque in quo loco res hereditariæ debeant custodiri.

In judiciis quoque minoribus subvenitur : sive dum agit minor , sive dum convenitur, captus sit. Quin etiam adversus eam ipsam sententiam quæ minorem a restitutione in integrum quam petebat submovit, restitui potest, si novas defensiones alleget.

Quamvis autem nihil novi alleget, saltem restitui potest ut appellare possit. Præfecti etiam prætorio ex sua sententia in integrum possunt restituere, quamvis appellari ab his non possit. Si autem princeps sententiam dixit, perraro solet permittere restitutionem.

Non minus restituitur minor quod tutore auctore gesserit. Multo magis constat, adversus id quod tutor ipse gessit, minorem qui in eo læsus est posse restitui, et quidem sive tutor delicto vacet, sive non. Imo et adversus solutionem tutori aut curatori factam minor interdum restituitur. Ex constitutione Justiniani cessat restitutio, si solutio facta sit ex judiciali sententia.

Minoribus in his quæ vel prætermiserunt vel ignoraverunt, innumeris auctoritatibus constat esse consultum. Hinc etiam restituuntur quod possessionem ejus qui res ipsorum usucepit interrumpere omiserint. Ita tamen si usucapio cœpta sit adversus minorem, secus si adversus majorem cui antequam usucapio impleretur, minor successerit (*Hæc est Cujaccii sententia, ad legem XXXVIII. h. t. argum. L. II, C. si adv. vend. pignor.*)

Item si non provocavit intra diem, subvenitur ei ut provocet; item in eremodiciis. Minor qui legi commissoriæ non paruit, restitui non debet si ipse non contraxit, sed auctor ejus. Sic putat Paulus, L. XXXVIII. In specie tamen hac lege proposita contra statuit imperator, quia lex commissoria displicebat ei et aliis causis non jure, sed facto expressis.

Sciendum est autem non passim minoribus succurri, sed causa cognita si capti esse proponantur : id est, si ab aliis circumventi vel sua facilitate decepti, aut quod habuerunt amiserunt, aut quod adquirere emolumentum potuerunt omiserunt, aut se oneri quod non suscipere licuit obligaverunt. Non videbuntur autem capti, si hæc læsio fato contigit; item non videtur circumscriptus minor qui jure sit usus communi.

Illud patet, captum non posse videri minorem ex eo gestu qui nullas ipso jure vires habet, et adversus quem minor communi jure tutus est. Et generaliter probandum est, ubi contractus non valet pro certo, prætorem se non debere interponere. (*L. XVI, D. h. t.*)

In delictis autem minor annis XXV non meretur in integrum restitutionem, utique atrocioribus; nisi quatenus interdum miseratio ætatis ad mediocrem pœnam judicem produxerit. Verum saltem potest restitui adversus id quod postea fecit quo pœna cresceret, vel adversus id quod postea omisit quo pœnæ remissionem aliquam consequi potuisset.

Non solum ex delictis, sed et si contrahendo minor aliquem decepit, restitutio cessat. Secus si is sciebat eum mentiri. Item non restituitur adversus omissam ex delicto vindictæ persecutionem; denique in his causis in quibus minor jusjurandum corporaliter præstitit, non restituitur.

Adversus libertatem quoque minori a prætore subveniri impossibile est, nisi ex magna causa hoc a principe fuerit consecutus. Hæc si manumissio jam secuta est , potest autem restitui adversus obligationem manumittendi quam contraxit.

§ 5.

Ex edicto nulla propria actio proficiscitur, sed causa a prætore cognita, præsentibus adversariis, vel si per contumaciam desint, in integrum restitutiones perpendendæ sunt. *L.* 24. § 5. *L.* 15. *L.* 29. § 2.)

Restitutio ita facienda est ut unusquisque integrum jus suum recipiat. Enimvero qui restituitur in integrum sicut in damno morari non debet, ita nec in lucro : et ideo quidquid ad eum pervenit ex emptione, vel ex venditione, vel ex alio contractu, hoc debet restituere. (*L.* 1ʳᵉ. *C. de reput.*)

Regulariter restitutionis effectus concluditur inter minorem qui restituitur, et adversus quem restitutionem impetrat : et quidem nec his prodest, quibuscum minori erat negotium , adversus quod restituitur, nisi illud sit quod divisionem non recipiat. Hinc est etiam quod rescissâ per in integrum obligatione, regulariter non rescinditur obligatio fidejussorum ejus. Itaque si cum scirem minorem et ei fidem non haberem, tu fidejusseris pro eo, non est æquum fidejussori in necem meam subveniri, sed potius ipsi deneganda erit mandati actio. Interdum tamen restitutio quæ minoribus conceditur et eorum fidejussoribus prodest : scilicet, si pro minore non simpliciter, sed tanquam assumente certam personam, puta tanquam pro herede, fidejusserint , vel si dolus intercesserit creditoris. (*L.* 15. *D. h. t. L.* 89. *de acqui. vel omett. hered. L.* 2.)

Cæterum non cogatur minor in integrum restitutione uti, et exceptionem utilem adversus agentem quasi ex causa judicati habebit, quia unicuique licet contemnere hæc quæ pro se introducta sunt. (*L.* 41. *D. h. t.*)

§ 4.

Hoc beneficium restitutionis amittitur lapsu temporis intra quod demum concedi potest. Jure Pandectarum restitutio datur intra annum utilem. Postea substituit Constantinus quinquennium Romæ, quadriennium in Italia, annum continuum in provinciis. Tandem Justinianus quadriennium continuum, discrimine locorum sublato, præfinivit restitutionibus in integrum.

Hoc tempus ex ætate perfecta proficiscitur : inde si minor minori successerit, post annum XXV habebit legitimum tempus. Plane si defunctus ad in integrum restitutionem modicum tempus reliquum habuit, heredi minori non totum statutum tempus post annum XXV conceditur, sed id duntaxat tempus quod habebat is cui heres extitit.

Amittitur etiam beneficium restitutionis, si minor major factus ratum habuit quod in minori ætate gessit, et quidem vel tacita ratihabitio sufficit. Si tamen quod in majori ætate gestum est nihil sit aliud quàm sequela necessaria ejus quod in minori ætate gestum fuit, hoc pro ratihabitione non habebitur. (44 L. 5.)

DROIT FRANÇAIS.

LIVRE III, TITRE III.

SECTION VII.

§ 1. Des lois prohibitives et impératives.

Tout ce qui n'est pas défendu est permis. La liberté des conventions humaines n'a donc pour limite que l'impossibilité naturelle et l'impossibilité légale qui peut résulter de la prohibition de la loi.

Le législateur en consacrant un droit a pu régler aussi les conditions de son exercice.

Les lois sont donc prohibitives ou impératives.

Lorsque la loi, soit prohibitive, soit impérative, s'est positivement expliquée sur la nullité qui résulte de sa violation, il n'y a évidemment pas de doute possible. Mais, à défaut de la clause irritante de nullité, il faut décider qu'à l'égard des lois prohibitives on a entendu dans le Code civil consacrer cette ancienne maxime : que lorsque le législateur défend un certain acte, la défense emporte virtuellement nullité, même sans addition de la clause irritante, à moins d'une disposition spécialement contraire (L. V. Code *de legibus*).

Toutefois, cette règle ne peut être admise qu'avec certaines restrictions ; si, par exemple, la loi prononce une autre peine contre l'infraction à ses dispositions (156, 157, 192), si la cause de la prohibition n'est que temporaire (228), etc. Au surplus, ces explications elles-mêmes n'ont rien d'absolu.

Enfin, on n'a jamais douté que la nullité ne fût souvent prononcée par la loi en termes équipollents (1588 et suivants).

Quant aux lois impératives, il n'est pas non plus nécessaire que la nullité soit prononcée pour qu'elle soit encourue ; mais alors toutes les omissions ou irrégularités n'entraîneront pas nullité ; il faudra distinguer les formalités substantielles, c'est-à-dire celles qui sont nécessaires pour remplir le but pour lequel l'acte a été institué, des formalités accidentelles ou secondaires.

Cette théorie ne peut s'appliquer en général aux formalités de procédure civile (1030), ni criminelle (408).

Si la loi ne prononce la nullité que pour l'omission ou l'irrégularité de certaines formes, il en résulte implicitement que les autres ne sont pas exigées à peine de nullité.

§ 2. De l'action en nullité ou en rescision des conventions, sous l'ancien droit et sous le droit actuel.

La rubrique de notre section et l'article 1304 confondent sous une même dénomination l'action en nullité et l'action en rescision, que l'on distinguait autrefois soigneusement, à cause surtout de la différence dans leur durée et dans la manière d'intenter les deux actions.

Il y avait autrefois trois sortes de nullités : les nullités d'ordonnance, résultant de quelques édits, déclarations ou lettres-patentes ; les nullités de coutume, qui dérivaient des lois municipales ; et les nullités de droit, qui provenaient du droit romain.

Les deux premières espèces de nullités s'intentaient directement devant le juge ; mais, par une anomalie singulière, fruit de l'ignorance des praticiens, et dans un intérêt de fiscalité, le droit romain ne pouvait donner par lui-même au juge le pouvoir de déclarer directement les nullités qu'il prononçait. D'où était venue la fameuse maxime : Voies de nullité n'ont lieu en France.

2.

Pour ces nullités, comme pour les rescisions proprement dites, c'est-à-dire les actes rescindables à raison du dol, de la violence ou de la lésion, le demandeur était préalablement obligé d'obtenir devant les chancelleries des lettres royaux, afin de pouvoir saisir les juges de la contestation.

La durée de ces deux actions était aussi bien différente : l'action en nullité durait en général trente ans. L'ordonnance da Villers-Cotterets de 1539, art. 134, avait bien décidé qu'après 55 ans accomplis les mineurs ne pourraient plus attaquer par voie de *rescision* ni de *nullité* les aliénations d'immeubles par eux faites en minorité sans décret ni autorité de justice ; mais ce n'était là qu'une exception.

L'action en rescision durait seulement dix ans, aux termes des ordonnances de 1510, 1553 et 1559. Il était cependant jugé par plusieurs parlements, notamment celui de Paris (arrêt du 7 mars 1701), qu'à l'égard des nullités de droit romain, bien qu'on fût obligé pour les obtenir de prendre la voie de la rescision, l'action pouvait être intentée pendant le même temps qu'une nullité d'ordonnance ou de coutume ; « car la formalité des lettres n'empêche pas que le principal de l'affaire « ne doive être jugé selon sa nature et qualité» (Legrand, art. 139 de sa *Coutume*). Cette opinion était celle de la majorité des auteurs.

La loi du 7 septembre 1790 avait déjà, par son art. 20, préparé la réforme du Code à cet égard, en abolissant l'usage d'impétrer en chancellerie les lettres royaux nécessaires pour obtenir de la justice la rescision des contrats.

Les deux actions maintenant s'intentent et se poursuivent de la même manière, c'est-à-dire, directement devant le juge, qui n'a plus besoin avant d'en connaître de voir sa juridiction prorogée par une permission spéciale du souverain.

L'art. 1304 les soumet également au même délai de dix ans lorsque, par une disposition particulière, la loi n'en n'a pas abrégé la durée (ex. 1676). Mais cette règle n'est pas d'une application aussi générale qu'elle peut le paraître au premier abord, car toutes les nullités ne sont pas de nature à être couvertes par le délai de 10 ans.

§ 3. Des nullités absolues.

Il faut en effet distinguer les actes complétement nuls des actes seulement annulables ou rescindables.

L'article 1508 énonce quatre conditions essentielles pour la validité des conventions : le consentement de la partie qui s'oblige, sa capacité de contracter ; un objet certain ; une cause licite.

Mais toutes ces conditions ne sont pas nécessaires au même degré, et leur défaut ne produit pas des nullités de même espèce. Nous verrons même plus tard que l'incapacité ne suffit pas toujours à elle seule pour déterminer l'annulation d'une convention.

1° S'il y a eu erreur, non pas seulement sur la qualité principale de la chose qui faisait l'objet de la convention, mais sur cette chose même, ou sur la nature des droits que les parties entendaient conférer ou acquérir ; si l'obligation n'a pas d'objet, ou de cause, alors il n'y a pas de contrat, car il n'y a pas de consentement (Pothier, n. 17) ; ou bien si, la loi ayant tracé des formes solennelles destinées à donner l'existence légale à la manifestation de volonté, ces formes n'ont pas été observées, comme dans la donation, la constitution d'hypothèque, le contrat de mariage ;

2° Si la cause de l'obligation est illicite, si la prohibition de la loi est fondée sur la morale ou l'ordre public.

Dans tous ces cas, le délai de dix ans de l'article 1504 ne saurait s'appliquer dans les premiers exemples que nous venons de citer, l'acte n'est rien, et n'a pas pu former d'obligations ou transférer de droits réels pour le présent ni pour l'avenir, car le temps ne peut rien créer par lui-même. Il ne pourrait que supposer une ratification, mais cette ratification en présence du contrat primitif serait aussi vaine que lui, et ne porterait sur rien.

Dans l'espèce du n° 2 la loi résiste toujours, et par elle-même, à l'acte qu'elle défend, et le réduit à un pur fait, dit Dunod. Le temps ne peut non plus rien supposer, car la ratification serait entachée des mêmes vices que l'acte primitif.

A quelque époque donc que l'on demande l'exécution de semblables conventions, le demandeur sera toujours à temps pour opposer la nullité ou prouver qu'il n'y a rien eu de fait.

Si la convention a été exécutée, la partie qui a payé pourra en réclamer la répétition pendant trente ans, en vertu des articles 1576 et 1378, sauf les interruptions telles que de droit.

Il en sera ainsi, s'il n'y a eu turpitude que de la part de celui qui a reçu ; car si la turpitude existait des deux parts, il n'y aurait pas lieu à cette restitution.

Mais il faut remarquer que l'exécution volontaire d'une apparente convention nulle par défaut de concours des volontés, pourra être considérée, selon les circonstances, non comme une ratification impossible, mais comme l'exécution d'une convention nouvelle et l'acceptation de la volonté de l'autre partie.

Si la convention étant nulle, d'une nullité qui ne peut être ratifiée, les choses depuis en sont venues au point que l'acte soit licite ou possible, l'exécution volontaire postérieure à cette époque vaudra comme exécution d'une convention nouvelle (Ex. : un pacte sur une succession future exécuté après la mort du *de cujus*, ou la stipulation d'une chose hors du commerce, qui y est tombée depuis); mais malgré cette possibilité d'exécution, il est certain que le délai de dix ans ne peut donner à une pareille convention l'existence qu'elle n'avait pas *ab initio*. (§ 2. Inst. *de inutilib. stipul.*)

L'article 1340 du Code civil offre aussi une disposition remarquable. La forme donne l'existence à la donation *(forma dat esse rei)*; un pareil acte nul en la forme ne peut donc transférer le domaine et l'exécution volontaire du donateur ne lui fera même pas perdre le droit de revendiquer l'immeuble.

Mais à l'égard des héritiers ou autres ayants cause du donateur, généralement plus enclins à critiquer ses libéralités qu'il ne l'est lui-même, on a pensé que s'ils les confirmaient ou exécutaient volontairement, c'est qu'ils avaient de bonnes raisons pour le faire. En conséquence, leur ratification ou exécution volontaire emporte leur renonciation à opposer soit les vices de forme, soit toute autre exception (1540).

Il est évident alors que ce consentement ou cette ratification ne peut porter préjudice qu'à ceux qui ont ratifié ou exécuté, car tous ceux qui ont intérêt peuvent invoquer les nullités absolues. Les conventions infectées d'un pareil vice *sunt omnino et omnium respectu nullæ* (Dargentrée); mais il faut un intérêt né et actuel, car l'intérêt est la mesure des actions, et il n'appartient qu'au ministère public, et en certains cas seulement, de poursuivre à cause de leur nature même les actes contraires à la loi.

§ 4. Des nullités relatives.

Souvent la loi ne prononce la nullité que dans un intérêt privé. Quoique la fin de la loi soit toujours l'intérêt du public, la vue de cet intérêt n'est pas toujours en première ligne, et souvent, dit Dunod, *lex primario spectat utilitatem privatam, et secundario publicam*. Ce sont les particuliers qui profitent de sa disposition, et sa prohibition en ce cas produit une nullité qu'on appelle respective, parce que la nullité n'est censée intéresser que celui en faveur duquel elle est prononcée.

Lui seul peut donc invoquer la nullité ou la couvrir par une ratification soit expresse, soit tacite; et comme alors la loi ne s'oppose pas toujours, et par elle-même, à la validité de l'acte, le délai de dix ans sans réclamation supposera cette approbation. Dans ce cas, l'acte a donc une existence provisoire; il est malade, mais d'un mal qui peut se guérir. Il a créé des droits personnels et réels qui peuvent être détruits, et l'extinction de ces droits, si elle a lieu, aura un effet rétroactif au jour où ils avaient pris naissance. L'art. 1254, en énumérant la nullité au nombre des moyens d'éteindre les obligations, fait allusion à ces nullités qui peuvent être couvertes par la ratification et le délai légal.

Nous avons vu plus haut que le défaut absolu de consentement, le défaut d'objet, de cause, ou l'immoralité de cette cause empêchaient complétement le contrat de se former et d'exister. Nous avons maintenant à étudier les vices du consentement et l'incapacité des parties contractantes, qui produisent seulement une nullité que nous avons appelée relative.

§ 5. Des vices du consentement.

1° L'erreur. — Lorsque l'erreur ne tombe que sur la substance de la chose qui forme l'objet de la convention, c'est-à-dire, sur la qualité de cette chose que les parties ont eue principalement en vue, ou sur la personne avec qui on a eu intention de contracter, alors que la considération de cette personne était la cause principale de la convention, la loi n'y voit plus qu'une cause de nullité qui doit être invoquée par la partie dans les délais de l'art. 1504.

2° La violence, si elle est de nature à faire impression sur une personne raisonnable, telle enfin que la définissent les art. 1112, 1115 et 1114, produit une crainte qui enlève au consentement sa liberté. Au reste, dans la loi nouvelle comme dans l'ancienne, le consentement extorqué par violence est un consentement, mais il est vicieux, et la partie, ses héritiers ou ayants cause peuvent le faire annuler dans les délais légaux.

Il est important de remarquer que la nullité peut être invoquée, encore bien que la violence ait été exercée par un tiers et sans la participation de la partie adverse. *Prætor enim generaliter et in rem loquitur.* L. 9, § 1er, D. *quod met.*

3° Du dol. — On appelle dol, dit Pothier, toute espèce d'artifice dont quelqu'un se sert pour tromper autrui. C'est au fond l'erreur qui est la

cause de la nullité, mais il s'agit ici (1116) d'une erreur qui à elle seule
ne suffirait pas pour faire annuler le contrat. Il n'y a au surplus que le
dol qui a donné lieu au contrat qui puisse motiver la rescision.

Mais pour que cette action puisse être intentée, il faut que le dol ait
été commis par la personne avec qui l'on a contracté (1116), ou qu'elle
ait connu ces manœuvres frauduleuses; car lorsqu'elle les a ignorées, et
que l'erreur ou la lésion ne sont pas d'ailleurs de nature à faire annuler
le contrat, la partie trompée a seulement contre l'auteur du dol une action en dommages-intérêts.

Il serait difficile de donner une raison bien positive de cette différence
entre le dol et la violence, différence au reste qui n'est pas de droit nou-
veau. Toutefois on peut dire que le législateur, dans un intérêt social, a
une plus grande horreur encore pour la violence que pour le dol; en
outre, qu'un homme éclairé et perspicace peut à la rigueur se défendre
du dol, et qu'il est impossible de résister à la violence.

§ 6. De la lésion.

La lésion, nous n'entendons parler ici que de la lésion entre majeurs,
n'est admise par le Code (1118) que comme une exception, et encore
cette admission n'a-t-elle eu lieu qu'après de grandes discussions et une
opposition violente.

La lésion dans les cas indiqués est un vice du contrat; le Code ne
semble pas l'avoir considérée comme le résultat d'un vice du consentement (*dolus re ipsâ*). Cependant, en matière de partage, on ne s'explique-
rait pas la cause de la rescision, si cette cause n'était l'erreur; mais dans
le cas de vente immobilière le vrai motif de la loi, c'est la crainte que le
besoin impérieux d'argent n'ait été pour le vendeur la cause de l'abandon
à vil prix de sa propriété; car si la loi partait de l'idée d'erreur, elle de-
vrait restituer également les deux parties, l'acheteur ayant pu se tromper aussi bien que le vendeur, et c'est au reste ce qui avait lieu dans
l'ancienne jurisprudence.

3

Le vendeur seul peut maintenant attaquer la vente d'immeuble qu'il a faite, lorsque la lésion par lui éprouvée est de plus des 7/12, et cela dans les délais de l'article 1676.

La loi dit formellement que la rescision pour lésion n'aura pas lieu pour l'échange (1706) et la transaction (2052). Elle pouvait se dispenser de prononcer cette exclusion, l'article 1118 suffisait.

Il faut remarquer en finissant que la lésion n'est pour personne une cause de rescision des obligations, lorsque cette lésion ne résulte que d'un événement casuel et imprévu (1306).

§ 7. Des incapables.

L'art 1123 porte que toute personne peut contracter si elle n'en est déclarée incapable par la loi, et l'article 1124 ajoute : «les incapables de contracter sont les mineurs, les interdits, les femmes mariées dans les cas exprimés par la loi, et généralement tous ceux à qui la loi a interdit certains contrats.» Mais pour prévenir les conséquences extrêmes qui pourraient être tirées de ces expressions, l'article 1125 vient de suite expliquer la nature de la nullité qui peut résulter de l'incapacité de ces personnes. Cette nullité est purement relative.

1° DES MINEURS.

Dans notre droit, le mineur non émancipé est régulièrement représenté par son tuteur, qui est une espèce de mandataire légal. Quelquefois cependant le mineur doit agir lui-même (1309, 1095, 1098). Il peut tester dans les limites de 904 ; il peut encore être engagé à raison de son délit (1310), il peut l'être aussi par le gérant d'affaires ou envers lui (1375), car la volonté n'est pour rien dans un pareil engagement.

Mais que décider, si en dehors des cas spécialement prévus par la loi le mineur a agi directement?

Un premier système, peu soutenu en pratique, mais qui a l'avantage d'être logiquement coordonné, se rattache aux art. 450, 1108 et 1124. La capacité est une condition nécessaire à la validité des contrats, le mineur est incapable de contracter ; donc s'il agit seul, au lieu d'être représenté par son tuteur, l'acte est nul en la forme, et le mineur peut être restitué sans prouver la lésion.

L'art. 1305, qui restitue le mineur pour lésion, s'applique aux actes faits par le tuteur (on suppose, bien entendu, que le tuteur n'a pas outrepassé ses pouvoirs). Il n'y a d'exceptions à cette règle que les cas où la loi, ayant tracé des formes spéciales, a déclaré, comme dans les cas prévus en l'art. 1314, que le mineur ne serait pas restitué si ces formalités avaient eu lieu.

Une modification importante a été proposée à ce système. On a voulu appliquer l'art. 1305 aux actes faits par le mineur comme à ceux faits par le tuteur, en sorte que dans les deux cas il eût été nécessaire de prouver la lésion, car on ne pouvait se refuser à reconnaître que l'art. 1305 entendait aussi parler de l'acte fait par le mineur directement.

Quant au mineur émancipé, s'il s'agit d'actes de pure administration, tels que baux de neuf ans au plus, il ne sera restituable que dans les cas où le majeur le serait lui-même (481-1305). Pour les actes qui excèdent les bornes de l'administration, il est assimilé au mineur ordinaire ; et quoique légalement autorisé par son curateur, il est restituable dans le cas de lésion, à moins que la loi n'ait tracé certaines formes spéciales qui ont été observées, auquel cas il n'est restituable non plus que le mineur non émancipé.

Cette théorie, dit-on, est en harmonie parfaite avec le système général de nos lois sur les mineurs. Aux termes de l'art. 2252, la prescription est suspendue contre eux pendant la minorité, et l'art. 481 du C. de proc. civ. déclare que les mineurs seront encore reçus à se pourvoir par la voie de la requête civile s'ils n'ont été défendus ou s'ils ne l'ont été valablement. La loi restitue donc le mineur contre les omissions de son tuteur ; est-il vraisemblable qu'elle ait refusé de le restituer contre les actes de ce même tuteur ?

D'ailleurs, dit-on, il y a un argument *a contrario* puissant à tirer de l'art. 1314.

Mais nous croyons que ce système ne doit pas être admis. Nous ferons remarquer d'abord que dans tous les articles où il est question de la restitution du mineur, il s'agit bien réellement du mineur agissant lui-même et directement ; la fin de l'art. 1305 et l'art. 1307 ne permettent aucun doute à cet égard. Il ne faut donc pas prendre à la lettre les art. 450 et 1124 qui déclarent le mineur incapable de contracter, non plus que l'art. 509 qui assimile le mineur à l'interdit. La différence bien réelle de ces deux classes d'individus doit aussi amener des résultats différents dans les actes par eux faits. C'est ce qu'il est impossible de méconnaître en présence de l'art. 502 qui traite de l'interdit, et l'art. 1305 qui traite du mineur. Les art. 450 et 1124 ne veulent dire qu'une chose, c'est que régulièrement ce n'est plus le mineur assisté de son tuteur qui agira, mais le tuteur représentant son pupille. Au surplus, c'est un point déjà reconnu par une partie des adversaires, ceux qui admettent que l'art. 505 s'applique au mineur comme à son tuteur.

Quant à la restitution pour lésion des actes faits par le tuteur dans l'étendue de ses attributions, nous ferons remarquer que la loi ne parle nulle part de cette restitution, et que les articles qui ordonnent la rescision pour lésion ne s'appliquent qu'aux mineurs agissant eux-mêmes. En outre, nous dirons que cette protection exagérée serait plus nuisible qu'utile au mineur, que personne ne voudrait plus contracter avec le mineur, puisqu'on pourrait être toujours, malgré sa bonne foi, sous le coup d'une action en rescision. D'ailleurs, il est à remarquer que la loi moderne, comprenant cet inconvénient, a tracé pour les actes les plus importants des formalités spéciales, dont l'accomplissement rend le mineur non recevable à attaquer l'acte pour lésion ; et il n'est pas vraisemblable qu'elle ait entendu conserver ces inconvénients pour les actes usuels de la vie : craint-on que le tuteur n'abuse de son pouvoir ? mais il est surveillé par le subrogé-tuteur, et l'hypothèque légale du mineur frappe sur tous ses immeubles. Enfin, le résultat que l'on obtiendrait aurait cela de singulier, qu'il serait indifférent que l'acte provînt du tuteur, ou du mineur, ce qui rendrait assez inutile le rôle du tuteur ; et que l'acte fait par le tuteur aurait même moins de force que celui fait par le mineur émancipé.

Répondant à l'argument tiré de l'article 2252, nous disons que la disposition qui suspend la prescription contre les mineurs ne se rattache pas nécessairement au système qui veut la restitution contre les actes faits par le tuteur. Dans ce dernier cas, c'est un tiers qui contracte avec le représentant du mineur : s'il ne peut compter sur la validité de l'acte, il ne contractera pas ; d'où peut-être un grand dommage pour le mineur lui-même ; au lieu qu'il ne peut jamais y avoir intérêt pour le mineur à ce que la prescription ne coure pas contre lui.

Quant à l'argument tiré de l'article 481 du Code de procédure civile, il ne prouve absolument rien, car le droit de se pourvoir est accordé non seulement au mineur, mais encore à l'Etat, aux communes, etc. ; et l'on n'a jamais soutenu que l'Etat ou les communes puissent être restitués contre leurs mandataires légaux agissant dans les limites de leurs attributions.

Toutefois, nous admettrons que pour tous les actes que le tuteur n'eût pu faire lui-même sans l'autorisation du conseil de famille ou autres formalités, si le mineur les a faits même avec l'autorisation de son tuteur, ils sont nuls, c'est-à-dire annulables sans que le mineur ait besoin de justifier d'une lésion quelconque, et cela conformément à l'ancienne jurisprudence qu'il paraît avoir été dans l'intention des législateurs de conserver en ce point.

En résultat, voici le système que nous présentons. L'acte fait par le mineur seul ne sera pas nul en la forme, et il faudra qu'il y ait lésion pour que cette annulation soit obtenue, à moins que la loi n'ait tracé, comme dans les cas prévus par l'article 1314, des formalités spéciales, dont l'inobservation emporte alors nullité, même sans lésion. L'acte fait par le tuteur dans le cercle de ses pouvoirs sera inattaquable comme celui fait par un majeur.

L'acte fait par le mineur émancipé, dans les limites de sa capacité, sera également à l'abri de la rescision ; quant à ceux qui dépassent les bornes de sa capacité, ils seront inattaquables si cette autorisation a eu lieu ; rescindables pour cause de lésion, si le mineur émancipé les a faits seul. Enfin, pour ceux où la loi requiert certaines formes spéciales ; comme dans l'art. 1314, le mineur émancipé doit être assimilé au mineur ordinaire.

Si le tuteur a agi en dehors de ses attributions, il faut alors le considérer comme tout autre mandataire qui aurait outrepassé ses pouvoirs, et en conséquence appliquer l'art. 1998, tandis que le mineur sera obligé d'attaquer les actes par lui faits dans les délais de l'art. 1504. Mais il faut dire que la jurisprudence, touchée de cette considération que l'acte fait par le tuteur aurait ainsi, dans certains cas, moins de force que celui fait par le mineur tout seul, tend à admettre que le mineur, dans les deux cas, sera obligé d'intenter son action dans les délais légaux.

Avant d'abandonner ce qui concerne les mineurs, il est bon de fixer le sens du mot *lésion*.

La lésion ne consiste pas seulement dans le défaut d'égalité dans la valeur des choses échangées ; il faut encore considérer si le mineur acquiert une chose qui lui est moins utile que ce qu'il donne, même s'il reçoit une chose dont la conservation est difficile pour lui, exemple, de l'argent. Il faut considérer l'opération qu'il a faite sous toutes ses faces. Alors si la lésion ne résulte que d'un événement casuel et imprévu, cette lésion ne donne pas ouverture à l'action en rescision.

Nous ferons observer qu'aux termes de l'art. 1507, la simple déclaration de majorité faite par le mineur n'est plus considérée comme un délit capable d'empêcher sa restitution en cas de lésion. Il en serait autrement si le mineur avait employé des manœuvres frauduleuses pour établir sa fausse majorité.

Les mineurs commerçants, autorisés comme il est dit aux art. 2, 3 et 6 du C. de comm., ne sont pas restituables contre les obligations par eux contractées à raison de leur commerce ou de leur art (508 et 487).

Nous avons vu plus haut qu'il ne fallait pas entendre littéralement l'art. 509 qui assimile les mineurs aux interdits.

L'incapacité de l'interdit est beaucoup plus complète que celle du mineur ; ainsi il ne peut se marier, être tuteur ni tester.

L'art. 502 est formel sur l'effet que doit avoir l'acte passé par l'interdit : cet acte est nul de plein droit, ce qui veut dire que l'interdit ou son représentant pourra faire annuler l'acte, en prouvant seulement le fait de l'interdiction indépendamment de toute lésion. Du reste, cette nullité est purement relative à l'interdit ou ses ayants-cause, et doit être invoquée dans les dix ans de la mort ou de la levée de l'interdiction.

Quant à l'acte fait par le tuteur, on doit appliquer les mêmes règles que dans le cas de minorité.

L'art. 513 fixe la limite de la capacité des personnes placées sous l'assistance d'un conseil judiciaire. Dans cette limite, leurs actes sont inattaquables. Pour ceux qui dépassent cette limite, l'art. 502 les déclare formellement nuls de droit.

L'art. 217 place la femme mariée dans un état à peu près complet d'incapacité. Elle ne peut donner, aliéner, hypothéquer, acquérir à titre gratuit ou onéreux, sans le concours du mari dans l'acte, ou son consentement par écrit, sauf les exceptions admises par les art. 225, 1449 et 1549. Sans cette autorisation, la femme ne peut non plus ester en justice.

Toutefois, comme la puissance du mari sur sa femme doit être une puissance de protection et non d'oppression, la justice peut en général suppléer l'autorisation maritale (219) ; mais alors la femme ne peut engager les biens de la communauté (1426). Lorsqu'elle est marchande publique, elle engage seule les biens de la communauté, mais cette qualité ne peut lui appartenir contre la volonté de son mari (220, C. civ.; 4, C. de comm.).

La nullité qui résultait du défaut d'autorisation de la femme était autrefois absolue, parce qu'outre l'intérêt du mari et de la femme, on voyait dans la nécessité de cette autorisation un intérêt d'ordre public et de bonnes mœurs.

Sans doute le respect dû à l'autorité maritale a été pris en considération par les législateurs actuels ; on peut dire cependant que la raison principale qui les a guidés, c'est l'intérêt réciproque des parties : aussi le défaut d'autorisation ne produit plus qu'une nullité relative (1124), et l'art. 225 décide que la nullité ne peut être invoquée que par la femme, le mari et leurs héritiers.

Cette nullité, au reste, est une nullité de plein droit dans le sens de l'art. 502 ; c'est-à-dire qu'elle sera obtenue en prouvant le mariage, et sans qu'il soit nécessaire d'établir la lésion.

§ 8. De l'effet de la nullité prononcée à l'égard des parties et des tiers.

Le principal effet, quant aux parties, de la nullité déclarée par jugement, est de remettre les choses dans l'état où elles étaient avant le contrat. En conséquence, ce qui a été payé ou livré doit être restitué, et les obligations anéanties.

Lorsque le mineur, l'interdit ou la femme mariée non autorisée sont admis en ces qualités à se faire restituer contre leurs engagements, c'est à l'adversaire à prouver que ce qui leur a été payé a tourné à leur profit (1312), car c'est déjà une faute prouvée de sa part d'avoir traité avec un incapable.

Mais lorsque la nullité ou la rescision provient d'autre cause que l'incapacité, le demandeur doit restituer ce qu'il a reçu,

Toutefois, si un corps certain avait été livré et était péri sans la faute du demandeur ou de son auteur, il n'y aurait lieu à aucune restitution à cet égard, car, au moyen de la nullité prononcée, celui qui avait livré est censé avoir conservé la propriété dudit objet.

La nullité déclarée aura effet non seulement contre la partie et ses successeurs universels, mais aussi contre ses successeurs particuliers. Cela est vrai sans contestation dans les cas d'erreur et de violence, car c'est le consentement qui a opéré l'aliénation. Si ce consentement n'a pas été complet, l'aliénation n'a pas été non plus complète, et par conséquent les tiers ne pourront se prévaloir de cette propriété qui n'a été qu'imparfaite sur la tête de leur auteur (2125). Quant à la lésion, nous avons heureusement un texte positif, car ce raisonnement nous aurait échappé dans le cas de vente d'immeuble; tout au plus aurions-nous pu l'appliquer aux partages.

On a contesté ces principes en cas de dol, et quelques personnes, se fondant sur l'art. 1116, qui n'admet le dol comme cause de rescision que lorsqu'il provient d'une des parties, en ont conclu, malgré les termes de l'art. 1109, que le dol ne constituait pas un vice du consentement, et qu'il donnait plutôt lieu à une action en dommages-intérêts. Toutefois, nous pensons que leur opinion doit être rejetée en présence des art. 1109 et 2182, § 2.

Si l'immeuble livré en vertu d'une convention annulée a passé entre les mains d'un tiers, le demandeur en nullité a donc contre ce tiers l'action en revendication; et toutes les hypothèques ou autres droits réels consentis sur l'immeuble, soit par la partie contre laquelle la nullité est prononcée, soit par les tiers possesseurs, sont anéantis.

Mais le tiers possesseur pourra opposer la prescription de dix et vingt ans, sauf le droit du revendiquant de discuter son titre et sa bonne foi.

Toute cette théorie est modifiée en matière de meubles par l'art. 2279.

4

§ 9. De l'extinction de l'action en nullité.

Nous venons de voir les causes qui peuvent faire annuler une convention. Ces nullités peuvent être effacées par la ratification et le délai légal.

1° DE LA RATIFICATION.

La ratification peut être expresse, conformément au 1° de l'art. 1338. Elle peut aussi résulter de l'exécution volontaire.

Il est évident que pour que la ratification expresse ou tacite ait effet, même vis-à-vis de celui qui a ratifié, il faut qu'elle ne soit pas infectée du même vice que l'acte primitif. Ainsi, elle ne pourra avoir lieu qu'après la découverte du dol, de l'erreur, la cessation de la violence.

En cas de lésion, la ratification expresse pourra être faite immédiatement après le contrat, pourvu que cette ratification ne soit pas une suite et une condition de ce contrat (argument de 1674 et de 888); c'est une appréciation de faits laissée aux tribunaux. Il est certain que l'exécution volontaire n'aura pas ce caractère de ratification. C'est ce qui ressort de la supposition de l'art. 1681 et de la nature même des choses.

Dans le cas où la convention peut être annulée, à raison de l'incapacité de l'un des contractants, la ratification expresse ou tacite ne peut valoir que lorsque cette incapacité a cessé. Ainsi, le mineur en majorité, l'interdit après la levée de l'interdiction, la femme mariée après la dissolution du mariage, pourront ratifier.

Il faut remarquer, à propos de la femme mariée, que la ratification du mari seul ne formerait pas contre la femme, ou ses héritiers, une fin de non recevoir lorsqu'ils voudraient plus tard intenter l'action en nullité, parce que ce serait priver la femme d'un droit qui désormais lui appartient; d'ailleurs, autrement on aurait fait courir le délai depuis la connaissance du mari, ce qui n'a pas lieu.

L'article 1338 dans son n$_0$ 5 porte que la ratification, ou l'exécution volontaire dans les formes et à l'époque déterminée par la loi, emporte la renonciation aux moyens et exceptions que l'on pouvait faire valoir contre cet acte, sans préjudice néanmoins du droit des tiers.

Il résulte de cette restriction que, si dans le temps qui s'est écoulé entre l'acte ratifié et l'acte confirmatif un tiers a acquis des droits d'hypothèque, d'usufruit, de servitude ou de propriété sur les biens qui étaient l'objet de l'acte primitif, la ratification n'aura aucun effet par rapport à lui ; et cela est juste, parce que celui qui l'a consenti ne pouvait attribuer à l'autre partie plus de droits qu'il n'en avait lui-même sur les biens dont il s'agit.

La ratification du débiteur aura toutefois pour effet de conserver la créance, car ses créanciers ne peuvent l'empêcher de contracter de nouvelles obligations, à moins qu'il n'en soit légalement empêché (1265, C. civ.; 446, C. de com.).

Pour éviter à leur égard l'effet de l'expiration du délai légal, les créanciers de celui qui a une pareille action pourront donc l'intenter du chef de leur débiteur et prouver le vice qui annule le contrat. Vainement dirait-on que la partie seule qui a été victime de l'erreur, du dol, de la violence, peut agir, parce que seule elle peut savoir si son consentement est vicieux, car cette preuve, pour être difficilement faite par les tiers, n'est pas impossible, et l'article 180 sur lequel on s'appuie par un argument *à pari*, et que l'on dit être l'âme de la loi, n'est pas applicable, étant spécial à la matière du mariage, régi par des principes particuliers, et que l'on ne pourrait appliquer aux autres contrats.

Dans le cas où la nullité peut résulter de l'incapacité du mineur, de l'interdit ou de la femme mariée, les créanciers postérieurs et légitimes pourront aussi faire valoir cette nullité pour anéantir l'hypothèque qui les prime.

La dette du mineur peut être valable comme obligation personnelle, par exemple, parce que les deniers prêtés ont tourné à son profit; mais l'hypothèque dans tous les cas ne saurait avoir été valablement consentie par lui. C'était un de ces actes qui, pour être valables, devaient être revêtus de formalités particulières sous peine de nullité.

Quant au mineur émancipé, il y aurait peut-être une distinction à faire. Il peut s'engager aussi valablement que le majeur, dans des limites étroites, il est vrai. L'art. 484 ne lui défend pas positivement d'hypothéquer, et l'art. 6 du C. de comm. permet au mineur commerçant de constituer des hypothèques, quoiqu'elle lui défende d'aliéner. Nous pensons donc qu'il faudra, pour savoir si l'hypothèque du mineur émancipé doit être conservée, rechercher si elle avait pour but d'assurer l'exécution d'une obligation qu'il avait droit de contracter comme émancipé; ou bien si elle se réfère, par exemple, à un emprunt qui lui est défendu par l'art. 485, auquel cas l'hypothèque ne saurait être maintenue.

Vainement, pour repousser l'action des créanciers, dirait-on que la nullité est purement relative et personnelle au mineur, à la femme mariée (art. 2012 et 225 du C. civ.), et que l'art. 1166 défend aux créanciers de faire valoir les droits exclusivement attachés à la personne de leurs débiteurs.

Il ne faut pas confondre les droits exclusivement attachés à la personne comme les droits d'usage et d'habitation, et l'ancien bénéfice de compétence, *quæ personæ cohærent nec transeunt ad alios* (L. 7. D. de *except.*), avec les actions dont il s'agit, qui passent aux héritiers, et par conséquent ne sont pas exclusivement attachées à la personne.

L'art. 2012 signifie seulement que du mineur à sa caution, l'exception de lésion est purement personnelle au premier ; que lui seul pourra s'en prévaloir, parce que la caution y a renoncé, et que telle était la condition du contrat.

Le délai de l'action en nullité court du moment où cette action a pu être librement intentée : ainsi, pour les mineurs, à partir de la majorité ;

pour les femmes mariées non autorisées, à partir de la viduité; pour les interdits, du jour de la levée de l'interdiction, du jour où la violence a cessé, de la découverte de l'erreur ou du dol, et du jour de l'acte dans certains cas, comme celui d'un partage de succession et de vente d'immeubles.

On pourrait encore donner une autre formule et dire que le délai court à partir du jour où l'on a pu ratifier; mais cette formule serait moins générale, car dans le cas de rescision pour lésion, les tribunaux pourraient déclarer en fait que la ratification faite immédiatement après le contrat est infectée du même vice, tandis que le délai légal court toujours à partir du contrat; et dans le cas de la nullité de l'acte fait par la femme mariée, pour défaut d'autorisation, cette nullité peut être couverte par la ratification du mari et de la femme; cependant le délai ne court qu'après la dissolution du mariage.

Au surplus, si l'action est intentée après les dix ans de l'acte, c'est au demandeur à prouver non seulement son droit à obtenir la nullité, mais encore qu'il est dans le délai légal pour agir. Faut-il appliquer à ce délai de l'art. 1504 les règles ordinaires de la prescription? Est-ce au contraire un délai préfix? Nous ne pensons pas que les rédacteurs du Code aient eu intention de déroger à cet égard au droit ancien. Les motifs qui ont fait admettre la suspension de la prescription contre les mineurs nous semblent applicables à l'espèce, et malgré l'argument tiré de ce que l'art. 2264 renvoie aux titres spéciaux, et que l'art. 1504 ne suspend l'action que pour les parties elles-mêmes; malgré aussi les considérations d'utilité que l'on fait valoir dans ce second système, nous croyons que le délai de l'art. 1504 ne courra pas contre le mineur venant du chef d'un majeur.

L'art. 1376, pour le cas spécial dont il parle, tranche, il est vrai, la question dans le sens opposé; mais il faut remarquer que dans l'espèce de cet article le délai n'est que de deux ans, et que les petites prescriptions courent contre toutes personnes. C'est un argument *à contrario* à ajouter.

Cette action en nullité devra être intentée dans les délais de l'art. 1504, soit que la convention annulable ou rescindable ait ou non reçu son exécution, et que l'obligation soit à terme, ou même suspendue par une condition. C'est ce qui résulte de l'ordonnance de Villers–Cotterets de 1539; et malgré la qualification sévère que Dumoulin a cru devoir donner à cette loi, nous ne croyons pas que les rédacteurs du Code aient eu l'intention de s'en écarter. L'art. 1254, en effet, range la nullité au nombre des moyens *d'éteindre les obligations*. D'ailleurs, les raisons particulières qui, en droit romain, avaient fait admettre la maxime : *Quæ temporalia sunt ad agendum perpetua sunt ad excipiendum*, n'existent pas chez nous, où l'action de dol n'est pas infamante.

Quant aux mineurs en bas âge et aux interdits qui pourraient ignorer ce qu'ils ont payé, ou ce à quoi ils se sont obligés, et qui en conséquence n'auraient pas intenté l'action en nullité dans le délai légal, les tribunaux pourront, selon les cas, déclarer en fait que l'obligation est non seulement annulable, mais complétement nulle pour défaut absolu de volonté. D'ailleurs, dans des cas pareils, le dol serait facilement supposé, et l'action ne commence à courir que de la connaissance du dol ; enfin, quant aux interdits, on pourra, par *à fortiori*, leur appliquer l'art. 59 de la loi du 50 juin 1838 sur les aliénés ; il faudra qu'il soit établi en fait que l'interdit a eu connaissance de l'acte après être sorti de l'interdiction.